उमा शंकर चौधरी

1 मार्च, 1978 को खगड़िया, बिहार में जन्मे उमा शंकर चौधरी कविता और कहानी लेखन में समान रूप से सक्रिय हैं।

उनकी प्रकाशति कृतियाँ हैं—'कहते हैं तब शहंशाह सो रहे थे', 'चूँकि सवाल कभी खत्म नहीं होते', 'वे तुमसे पूछेंगे डर का रंग', 'कुछ भी वैसा नहीं' (कविता-संग्रह); 'अयोध्या बाबू सनक गये हैं', 'कट टु दिल्ली और अन्य कहानियाँ', 'दिल्ली में नींद' (कहानी-संग्रह); 'अँधेरा कोना' (उपन्यास); 'विमर्श में कबीर', 'दलित विमर्श : कुछ मुद्दे कुछ सवाल' (आलोचना); 'हाशिये की वैचारिकी' और 'हिस्सेदारी के प्रश्न-प्रतिप्रश्न' (सम्पादित)।

उमा शंकर की कहानियों, कविताओं का विभिन्न भारतीय भाषाओं में अनुवाद हो चुका है जिनमें कविता-संग्रह 'कहते हैं तब शहंशाह सो रहे थे' का साहित्य अकादेमी से प्रकाशित मराठी अनुवाद शामिल है।

कविताएँ केरल विश्वविद्यालय, केरल; शंकराचार्य संस्कृत विश्वविद्यालय, कलाडी, (केरल) और एम.जी. विश्वविद्यालय, कोट्टयम (केरल) के स्नातक और स्नातकोत्तर पाठ्यक्रमों में शामिल हैं।

कहानी 'अयोध्या बाबू सनक गये हैं' पर प्रसिद्ध रंगकर्मी देवेन्द्र राज अंकुर द्वारा एनएसडी सहित देश के विभिन्न स्थानों पर पच्चीस से अधिक नाट्य प्रस्तुतियाँ हो चुकी हैं।

उन्हें 'साहित्य अकादेमी युवा सम्मान', 'भारतीय ज्ञानपीठ नवलेखन सम्मान', 'रमाकान्त स्मृति कहानी पुरस्कार', 'अंकुर मिश्र स्मृति सम्मान' आदि से सम्मानित किया जा चुका है।

ई-मेल : umshankarchd@gmail.com

कुछ भी वैसा नहीं

उमा शंकर चौधरी

राधाकृष्ण पेपरबैक्स

राधाकृष्ण पेपरबैक्स में
पहला संस्करण : 2023

राधाकृष्ण पेपरबैक्स : उत्कृष्ट साहित्य के जनसुलभ संस्करण

राधाकृष्ण प्रकाशन प्रा. लि.
जी-17, जगतपुरी
दिल्ली-110 051
द्वारा प्रकाशित

शाखाएँ : अशोक राजपथ, साइंस कॉलेज के सामने, पटना-800 006
पहली मंजिल, दरबारी बिल्डिंग, महात्मा गांधी मार्ग, प्रयागराज-211 001
वेबसाइट : www.radhakrishnaprakashan.com
ई-मेल : info@radhakrishnaprakashan.com

बी. के. ऑफसेट
नवीन शाहदरा, दिल्ली-110 032
द्वारा मुद्रित

मूल्य : ₹199

KUCHH BHI VAISA NAHIN
Poems by Uma Shankar Choudhary

ISBN : 978-81-961487-6-8

प्रिय दोस्तों निशान्त, अमिताभ राय और
पंकज शर्मा के लिए

क्रम

कुछ भी वैसा नहीं

मुज़फ़्फ़रनगर

गाड़ी पहुँची मुज़फ़्फ़रनगर
तो झाँकने लगा खिड़की से मैं
देखने लगा मुज़फ़्फ़रनगर
ढूँढ़ने लगा वही मुज़फ़्फ़रनगर

ढूँढ़ रहा था मुज़फ़्फ़रनगर
तो सो रहा था मुज़फ़्फ़रनगर
हाँफ रहा था मुज़फ़्फ़रनगर
सुस्ता रहा था मुज़फ़्फ़रनगर
लेकिन जगे थे वहाँ के बच्चे
मुज़फ़्फ़रनगर के बच्चे

बच्चों की चहलक़दमी और शोर से भरा था मुज़फ़्फ़रनगर

मैंने दूर खेल रहे बच्चे को
इशारे से पास बुलाकर पूछा क्या यही है मुज़फ़्फ़रनगर
उसने एक क्षण को घूरा मुझे और पूरा जोर लगाकर कहा
इंशाअल्लाह! हाँ यही है मुज़फ़्फ़रनगर
और फिर भागते हुए उसने

रेलवे ट्रैक से एक पत्थर उठाकर दम लगाकर
फेंक दिया दूर

और इस तरह इतने दिनों बाद एक बार फिर से
मेरे सीने में सुलग उठा मुज़फ़्फ़रनगर।

फ़र्क

दूर तक फैली थी हरियाली
और बीच में पेड़ पर बैठी थी एक चिड़िया
चिड़िया ने एक आवाज़ निकाली
और पूरी पसरी उस हरियाली में फैल गई वह मीठी आवाज़

दूर सुस्ता रहे आततायी ने करवट बदली
नींद में गिर गया पत्थर का एक टुकड़ा।

पहाड़

मैं पहाड़ के क़रीब पहुँचा और सोचा
क्यों नहीं उसकी तलछट में
थोड़ा सुस्ता लूँ
पहाड़ ने यह सुना और वह वहाँ से चला गया

मैंने जाना, पहाड़ सुस्ताने के लिए नहीं
चढ़ने के लिए है।

निशान

अब वहाँ पर इसके सिवाय कुछ नहीं था
कि वहाँ कुछ निशान थे
उन निशानों में अब उग आए थे कुछ चेहरे
और कुछ परछाइयाँ
उन निशानों को मिटाना चाहा
तो वहाँ रह गए ख़ून के धब्बे
बची रह गईं कुछ स्मृतियाँ

आप-हम उन निशानों की ओर देख रहे हैं
और ऊपर सूने आकाश की ओर देख रहे हैं

यह निशान इस लोकतंत्र का सबसे कठोर सच है।

पिता की उम्र

पिता के जन्म की ईसवी
चूँकि सही-सही किसी को मालूम नहीं है
इसलिए पिता पचहत्तर के हैं या हो चुके हैं अस्सी के
यह ठीक-ठीक हम जान नहीं पा रहे हैं

पिता बंगाल में आए भूकम्प
और बड़ी बुआ के उस भूकम्प में होने न होने से
अपनी उम्र का अन्दाज़ा लगाने की करते हैं कोशिश

हम भाई-बहनों ने तमाम कोशिश कर ली है
इस तह में पहुँच पाने की कि
पिता की पक्की उम्र का पता लगा सकें हम
लेकिन सब हो चुके हैं नाकाम

मेरी दादी जब तक जीवित रहीं
तब मेरे पिता स्वस्थ थे और हमें सरकारी प्रमाणपत्र के इतर
यह जानने की कभी ज़रूरत महसूस ही नहीं हुई
कि पिता की उम्र ठीक-ठीक कितनी है
अब जब पिता होते जा रहे हैं अस्वस्थ

हम यह जान लेना चाहते हैं कि
पिता ठीक-ठीक पचहत्तर के हैं या फिर हैं अस्सी के

हम सब भाई-बहन इस सच के बहुत क़रीब पहुँच कर भी
कि पिता हो चुके हैं अस्सी के
यह साबित करना चाहते हैं कि पिता अस्सी के नहीं
अभी तो पचहत्तर के ही हैं
और आज के समय में पचहत्तर की उम्र भी कोई उम्र होती है
परन्तु पिता हैं कि अपने तर्क पर टिके रहते हैं
कि वे हो चुके हैं अस्सी के एक लाचार बुज़ुर्ग

अगर कभी यह तर्क मज़बूत होने लगता है कि
पिता पचहत्तर के ही हैं
तब हमारे साथ-साथ
पिता के चेहरे पर खिंच जाती है उमंग की एक लकीर
लेकिन जब वे हो जाते हैं अस्सी के
तब हम सब एक साथ हो जाते हैं उदास

हम मनाना चाहते हैं पिता का पचहत्तरवाँ जन्मदिन
तब ठिठका देता है पिता का यह उलझाव
कि वे तो कब का पार कर चुके हैं यह पचहत्तर का आँकड़ा

हम हमेशा चाहते हैं
कि पिता किसी तरह निकल जाएँ इन आँकड़ों के उलझाव से बाहर
जबकि पिता इस चिन्ता में लगे रहते हैं कि
अभी आँगन में लगाया है जो पपीते का पेड़
अगले वर्ष उस पपीते के फल को पके हुए
क्या देख पाएँगे वे

पिता की उम्र के इस चार-पाँच वर्षों के उलझाव में

उलझ गई है सारी ख़ुशी
पिता शान्त बैठे अतल गहराई में खोये अपने मन के अन्तस कोने में
गिन रहे होते हैं अपनी बची हुई उम्र
हम यह ढाढ़स बँधाना चाहते हैं कि
मृत्यु और उम्र का कोई सम्बन्ध नहीं है
लेकिन पिता के चेहरे को देखकर
मन के भीतर दाख़िल होने लगती है वह खाट
जिस पर बैठकर पिता प्राय: गिन रहे होते हैं अपनी उँगली पर
अपनी बची हुई उम्र

पिता अभी पचहत्तर के हैं या हैं अस्सी के
इसकी तह में न तो अब हम पहुँच पाएँगे
ना ही अब कभी पिता
लेकिन पाँच वर्षों का यह अन्तराल
अभी हम सब की आँखों में और मन-मस्तिष्क पर अटका हुआ है
एक ख़तरे की तरह।

उस लड़की के क़रीब

अपनी स्मृति में जब भी मैं उस लड़की को लाता हूँ
वह लड़की मुझे उदास और चुप दिखती है
ऐसे जैसे उसने ओढ़ ली हो
चुप्पी की एक कठोर चादर

वह लड़की बैठती है
और दूर कहीं अपनी निगाह को उलझा लेती है
उसकी पुतलियाँ उलझ जाती हैं
किसी खास दृश्य या किसी ख़ास वस्तु से
जबकि वह उस वक़्त नहीं चाहती है देखना
उन सब चीज़ों में से कुछ भी

वह लड़की जो तय नहीं कर पाती है
अपना कोई पक्ष
उस लड़की के भीतर हैं ढेर सारे उलझाव
ढेर सारी गुत्थियाँ
आँसू की कुछ बूँदें
काँच के कुछ टुकड़े
और फूल की ढेर सारी पंखुड़ियाँ

उस लड़की के मन के भीतर है
बर्फ़ की एक कठोर सिल्ली

उस लड़की के क़रीब बैठो
बर्फ़ की सिल्ली बूँद-बूँद कर पिघलने लगेगी।

और इस तरह यह समय

हम रह रहे हैं एक ख़तरनाक समय में
इस एक वाक्य को मैं लिखता हूँ जितनी बार
यह वाक्य होता जाता है उतनी बार और भी ख़तरनाक
और मैं हो जाता हूँ उतनी ही बार
और भी सशंकित

प्रधानमंत्री अपने प्रशंसकों के बीच
बजाते हैं बाँसुरी
लेकिन इस ख़तरनाक समय में नहीं निकलती है
उससे कोई मधुर आवाज़
प्रधानमंत्री इस ख़तरनाक समय पर करने लगते हैं चिन्ता
और यह समय होता जाता है और भी ख़तरनाक

मैं जितनी बार लिखता हूँ यह वाक्य
उतनी बार भीड़ में कर लिया जाता हूँ चिह्नित
उतनी बार मेरी तरफ़ बढ़ने लगते हैं हाथ
उतनी बार पेड़ से झड़ जाते हैं ढेर सारे पत्ते

मैं लिखता हूँ समय को ख़तरनाक
और लोगों की भीड़ पीटने लगती है मेरा दरवाज़ा

माँ की गोद में दुबक जाती है तीन साल की मेरी बेटी
भाप बनकर उड़ने लगती है कच्चे पत्तों पर
सुबह सुबह गिरी हुईं ओस की बूँदें
मेरे सामने खड़ा हो जाता है
सरकार का एक नुमाइंदा, एक वरिष्ठ मंत्री और एक दिन
ख़ुद इस देश का प्रधानमंत्री

मुझसे पूछा जाता है मेरा नाम
मेरा रंग, मेरी पहचान
मेरी भाषा, मेरी आत्मा और मेरा उसूल
और इस तरह यह समय
मेरे लिखने न लिखने से परे और भी हो जाता है ख़तरनाक।

लेकिन तब भी

जब चारों तरफ़ हो रही थी हत्याएँ
तब वे चुप थे
जब बन्दूक़ों की नोक के ठीक सामने
रख दिये गए थे चिड़ियों के कोमल दिल
जब बारूद की सुरंग पर रख दी गई थी बच्चों की किलकारियाँ
तब साध ली गई थी चुप्पी

वे बोलते तो पहचाने जाते
पहचान ली जाती उनकी हँसी
उनका अट्टहास
उनका बड़बोलापन
पहचान ली जाती उनकी आत्मा
उनका रंग

जब सारे लोगों ने उम्मीद के साथ
टिका रखी थी उस कुर्सी के सामने निगाहें
तब वहाँ एक सन्नाटा था
तब सो रहे थे प्रधानमंत्री

सो रहे थे प्रधानमंत्री और लोग
ठीक उसी वक़्त अपनी उँगलियों पर
उस निशान को ढूँढ़ने की कर रहे थे कोशिश
जो मिटाए नहीं मिट रहा था अब
तमाम प्रयासों के बावजूद

चारों तरफ़ हो रही थीं हत्याएँ
और प्रधानमंत्री चुप थे

जब चिताएँ शान्त हो जाएँगी
आततायी लौट जाएँगे अपने घर
विरोध में उठने वाली आवाज़ों को कर दिया जाएगा दरकिनार
बहुत से निर्दोष साबित कर दिये गए होंगे कसूरवार
तब उठेंगे प्रधानमंत्री अपनी नींद से

प्रधानमंत्री उठेंगे अपनी नींद से
और बजाएँगे इस देश के लिए नगाड़ा
नगाड़े की इस आवाज़ से सहम जाएँगे पक्षी
यह आकाश, बादल, पेड़, पौधे
बच्चे बन्द कर देंगे खेलना
लेकिन तब भी कहीं न कहीं सुलग रही होगी कोई आग
तब भी जंगल में चमक रही होंगी
भेड़िये की दो आँखें।

खीझ की तरह

वह उठाकर चल रहा है
मीलों अपने कन्धे पर अपनी पत्नी की लाश
देश के दूसरे हिस्से में
जवाब देने से सकुचाती सरकार
बीच में छोड़ देती है प्रेस कॉन्फ्रेंस
चैन की नींद सोया बच्चा जग जाता है माँ की गोद में
हक़ीक़त से परे, फ़िल्म में कह देता है एक सात साल का बच्चा कि
इन बातों को समझने में अब नहीं लगने वाले हैं पन्द्रह वर्ष

सुबक रही है दीना माँझी की बारह साल की बेटी
घर में बैठी मेरी छह साल की बेटी खेलते-खेलते हो जा रही है गुम
पक्की सड़क पर घिसट रही है दीना माँझी की चप्पल
याद आ रहे हैं प्रेमचन्द के फटे जूते
फटे जूते से निकल रही है उँगली
खेत में खड़े होकर किसान ख़ुद बर्बाद कर रहे हैं
प्याज़ की फ़सल

कोयल कूकने वाली वादियों में है
बन्दूक़ की कर्कश आवाज़

बन्दूक़ से निकलने वाले छर्रे से
उस बच्ची की चली गई दोनों आँखें

मज़बूत हो रहा है लोकतंत्र
अट्टहास कर रहा है देश का मुखिया
दमक रही है उसके सिर पर केसरिया फाग

देश के जिस हिस्से में होनी चाहिए
सुनहरी धूप, सुहाना मौसम
बिखरे पड़े हैं वहाँ पत्थर के ढेर सारे टुकड़े
लेकिन तभी कठिन कर्फ़्यू के बीच
सेनाओं की बन्दूक़ की नोक के ठीक सामने
निकल पड़ती है तीन साल की एक अबोध बच्ची

सरकार दीना माँझी की बारह साल की बेटी के
आँसू की भी रक्षा नहीं करती
और न ही उस बच्ची के अबोधपन की
जो है बन्दूक़ की नोंक के ठीक सामने

हम चाहें तो पढ़ सकते हैं इस कविता को
ख़बरों के एक कोलाज की तरह
या फिर एक सिरफिरे कवि की खीझ की तरह

सरकार के कूड़ेदान में बढ़ रहे हैं ऐसे ढेर सारे काग़ज़ों के टुकड़े
सरकार करेगी अभी ख़ून के रंगों की पहचान
और अभी और होंगी बहसें ख़ून के रंग पर।

तस्वीर

इस तस्वीर को दिखलाते हुए मैंने कहा
इस समय की सबसे भयानक तस्वीर है यह
भयानक है इसकी अभिव्यंजना

उसने रख दी मेरे सामने ढेर सारी भयानक तस्वीरें
उनमें सबसे भयानक तस्वीर थी
उस चेहरे की
जिस पर थी इस समय की सबसे क्रूर सन्तुष्टि
और एक अट्टहास।

भीड़

उसने कहा हवा
और पत्तों में जुम्बिश आ गई
उसने कहा आग
आग की दहक बढ़ गई
उसने कहा पानी
और बढ़ गई नदियों में कल-कल की आवाज़

वह उठा और चलना शुरू कर दिया
हवा, पानी, आकाश, आग, पेड़, पौधे, चिड़िया
सब चल दिये उसके पीछे

वह पीछे मुड़ा, देखा इस भीड़ को
और कहा—लोकतंत्र।

कुछ भी वैसा नहीं

अब जब तक तुम लौट कर आओगे
कुछ भी वैसा नहीं रहेगा
न यह सुनहरी सुबह और न ही यह गोधूलि शाम
न यह फूलों का चटक रंग
न चिड़ियों की यह क़तार
और न ही यह पत्तों की सरसराहट

अब जब तक तुम लौटकर आओगे
रात का अँधेरा और काला हो चुका रहेगा
बारिश की बूँदें और छोटी हो चुकी होंगी
हमारे फेफड़े में जगह लगभग ख़त्म हो चुकी रहेगी

जब तुम गए थे तब हमने सोचा था
कि अगली सर्दी ख़त्म हो चुका होगा हमारा बुरा वक़्त
राहत में होंगी हरदम तेज़ चलने वाली हमारी साँसें
लेकिन अगली क्या उसकी अगली और उसकी अगली सर्दी भी चली गई
और ठीक सेमल के पेड़ की तरह बढ़ता ही चला गया हमारा दुःख

अब कि जब तुम आओगे तो
तुम्हें और उदास दिखेंगे यहाँ हवा, फूल, मिट्टी, सूरज

और सबसे अधिक बच्चे
अब कि जब तुम आओगे तो चाँद पर और गहरा दिखेगा धब्बा

मैं जानता हूँ कि तुम आओगे, देखोगे इन उदास मौसमों को
और तुम जान लोगे हमारे उदास होने का ठीक-ठीक कारण।

लौटना

सच के लिए मैंने टेलीविज़न देखना चाहा
परन्तु वहाँ अँधेरा था
आज के अख़बार के सारे पन्ने भी कोरे थे
आसपास प्रधानमंत्री की भी कोई आवाज़ नहीं थी
सच के लिए मैं बच्चों के पास गया
बच्चे गुलेल चलाना सीख रहे थे
कुत्ते गहरी नींद में थे उनके मुँह पर मक्खियाँ थीं

इस लोकतंत्र में सच जानना मेरा मौलिक अधिकार है
यह सोच मैं प्रधानमंत्री के दफ़्तर तक गया
वहाँ प्रधानमंत्री नहीं थे
प्रधानमंत्री के दफ़्तर में मेरी जिज्ञासा को रख लिया गया
बाहर पेड़ों से पत्तियाँ झड़ी हुई थीं
वहाँ ढेर सारी बत्तियाँ थीं
सभी जल रही थीं और सभी में रोशनी थी

सामने भीड़ थी उस भीड़ में बहुत शान्ति थी
सभी लोग आसमान की तरफ़ ताक रहे थे
पेड़ पर चिड़िया अलसायी हुई थी

पौधे ज़मीन से अपना भोजन खींच रहे थे
जिसकी बहुत मद्धम परन्तु बहुत ही मधुर सी आवाज़
उस फ़िज़ा में घुली हुई थी

किसान जो अपने अपने खेतों में अपनी फ़सल नष्ट कर रहे थे
उन खेतों की आड़ पर खड़े होकर उन्हें देखना
इस लोकतंत्र का सबसे भयानक अनुभव था
उस खेत में एक बिजूका था जो खेत में अब भी खड़ा था
उस पर पक्षियों की बीट थी
मैं वहाँ से लौटा और सूरज पश्चिम की तरफ़ ढल गया।

स्त्री के सपने में

स्त्री को काम पर जाते देखना
पत्तों पर ओस की बूँद को देखना है

स्त्री काम पर जाती है और मौसम सुहाना हो जाता है
पूरब में सूरज निकल आता है
चिड़ियों की आँखों में चमक आ जाती है
काम करती हुई स्त्री का चेहरा
इस समय का सबसे सुकून भरा चेहरा है

स्त्री काम पर जाती है तो उसके साथ जाता है
आसमान का एक टुकड़ा
बारिश की कुछ बूँदें, पत्तों की हरियाली
और सबसे ज़्यादा धूप की तपिश

स्त्री काम पर जाती है तो देखती है पूरे आसमान को
अपने क़दमों से पूरी धरती को फलाँगती है वह
स्त्री काम पर जाती है और चाँद पर अपना घर बना लेती है
उसकी हवाओं से हो जाती है दोस्ती
स्त्री पक्षियों से बतियाने लगती है उनकी भाषा में

काम पर जाती स्त्री अपने पीछे छोड़कर जाती है
दु:खों का पहाड़
काम पर जाती स्त्री दु:खों के पहाड़ को
रोज थोड़ा थोड़ा तोड़ने की करती है कोशिश

स्त्री काम पर जाती है
और अपने दु:खों को थोड़ी देर के लिए दूर धकेल देती है
दु:ख उसकी तरफ़ बढ़ते हैं
और वह अपनी मुट्ठी में बन्द धूप की तपिश से
अपने चेहरे को ढक लेती है

काम पर जाती स्त्री रोज जूझती है अपनी स्मृतियों से
उबरने की करती है कोशिश वह
अपनी स्मृतियों में बिखरे काले रंग से

काम पर जाती स्त्री थकती है और सो जाती है

सोती स्त्री रोज़ सपने में देखती है
कल फिर से काम पर जाने का ख़ुशनुमा पल
जिसमें उसके साथ है थोड़ा सा आसमान, बारिश की कुछ बूँदें
कुछ हरियाली, थोड़ी सी धूप की तपिश
और सबसे अच्छा
चिड़ियों से बतियाने का एक कोमल अहसास।

अटक जाती है आवाज़

अब जबकि बहुत ही चलताऊ मुहावरे से
व्याख्यायित हो रहा है देश
राष्ट्रप्रेम की बहुत ही सस्ती हो रही है पुनर्व्याख्या
बहुत ही बदरंग चश्मों से पढ़ा जा रहा है इतिहास
तब उस पेड़ पर बैठी चिड़िया की आँखों में
सबसे अच्छा देखा जा सकता है इस देश का नक़्शा
इस देश का अक्स

वह नौजवान चिल्लाना चाहता है
इतिहास के बदलते जा रहे शब्दों को देखकर
और उसके गले में अटक जाती है आवाज़
या अटका दिया जाता है उसके गले में एक गुटका
यहाँ शोर बहुत है
शान्ति के लिए दबानी पड़ती है गौरैये की आवाज़
पेड़ पर शान्त बैठे गौरैये को अपने मुँह में दबा लेता है बाज़

यहाँ शोर बहुत है
और पक्षी चैन की नींद सो नहीं पा रहे हैं
बच्चा बड़ा होकर जानना चाहता है अपना इतिहास

इतिहास के पन्नों में दीमक लग गई है

इस चलताऊ मुहावरे के समय में
शब्दों के बदलते जा रहे हैं अर्थ
बदल रही है बादलों की कलात्मकता
नाख़ून हो रहे हैं धीरे-धीरे सफ़ेद

घर से बाहर निकलता हूँ तो
शरीर से टकराते हैं ढेर सारे नए-नए शब्द
और शब्दों की नई-नई व्याख्याएँ
कट गए हैं ढेर सारे पेड़
झड़ गए हैं ढेर सारे पत्ते
घबरा कर लौटता हूँ अपने कमरे में
तो साथ ही लौटते हैं ढेर सारे सूख चुके झड़े पत्ते
और फिर उस कमरे में मेरे साथ भर जाती है
पत्तों की सड़ाँध।

दुःख के घर में

उसका दुःख कहने-न-कहने से ऊपर था
उसकी आँखों के समन्दर में बैठकर
उसके दुःख को समझा जा सकता था
समझा जा सकता था उसके दुःख को
सिर्फ़ उसके कानों की झिल्ली की गरमाहट को देखकर

उसका दुःख एक स्त्री का दुःख था

वह बोलती तो दुःख था
वह हँसती तो दुःख था
वह चलती, उठती, बैठती, सोती तो दुःख था
यहाँ तक कि जब वह बहुत देर बाद पलक झपकाती
तो उसमें भी दुःख था
उसकी आँख, बाल, होंठ, गाल सब दुःख में गीले थे

उसने इस जगह, इस देश-समाज-धरती को अपना घर समझा
लेकिन सच यह है कि उसका कोई घर यहाँ नहीं था
चूँकि उसका कोई घर नहीं था
इसलिए अब वह दुःख के घर में रहती थी

वह रोज़ सुबह उठ लम्बी साँस के साथ
दु:ख को थोड़ा झाड़ना चाहती
लेकिन दु:ख उसके शरीर से गुँथ से गए थे
वह दु:ख को झाड़ना चाहती और दु:ख और बड़ा हो जाता
दु:ख का चेहरा और विकृत हो जाता
उसके नाख़ून और बढ़ जाते

वह आइने में अपनी शक्ल देखना चाहती और उसे
उस आइने में एक स्त्री दिखती
वह उस स्त्री के चेहरे पर दु:ख के निशान ढूँढ़ती
उसे वहाँ चेहरा नहीं सिर्फ़ दु:ख ही दिखता

वह दु:ख की चादर ओढ़कर
उसी दु:ख के साथ जाकर चाँद पर बैठ जाती
चुपचाप, उदास और गुमसुम।

दिल्ली

वह जुलूस जो बढ़ रहा है दिल्ली की तरफ़
ढेर सारा ग़ुस्सा और ढेर सारे सवालों को लेकर
वह जुलूस एक दिन पहुँचेगा दिल्ली
लोकतंत्र से ढेर सारी उम्मीदों को लेकर
ढेर सारी अपेक्षाओं को लेकर

लेकिन वह जुलूस एक दिन लौटेगा बैरंग दिल्ली से वापस
क्योंकि दिल्ली ख़ाली है
कोई नहीं है दिल्ली में जो देगा जवाब
लोकतंत्र की तरफ़ से
दिल्ली में बस बज रहे हैं ढेर सारे ढोल और नगाड़े

एक डरावने शोर में डूब चुकी है दिल्ली।

शब्दों के अर्थ

इस बीच जब बदलने की की जा रही है कोशिश
हमारा मिज़ाज, हमारा इतिहास
हमारी सोच
और सबसे अधिक ये फ़िज़ाएँ
तब अब बदले जाने लगे हैं शब्दों के अर्थ भी

बचपन में पिता ने जिन शब्दों के बतलाये थे जो अर्थ
अब इस समय में उन शब्दों के
ठीक-ठीक नहीं रह गए हैं वही अर्थ

जैसे मिट्टी को मिट्टी कहना
हवा को ठीक ठीक कहना हवा
ख़ुशबू को ख़ुशबू कहना
किसी भी रंग को अब ठीक वही रंग कहना आसान नहीं है

अब गड़बड़ा गए हैं बचपन में सीखे शब्दों के
ठीक-ठीक हिज्जे
शब्दों के ठीक-ठीक प्रयोग
अब जब भी लिखना चाहता हूँ प्रेम

प्रेम बदल लेता है अपना स्वरूप

अब जब भी मैं निकलता हूँ अपने देश को प्रेम करने
प्रेम बदल लेता है अपना स्वरूप
मेरे सामने खड़े हो जाते हैं ढेर सारे सवाल
कि कितना करते हैं प्यार आप फूलों से, भँवरे से
या चिड़ियों की चहचहाहट से
कितना करते हैं प्यार बारिश की बूँदों से उठने वाली मिट्टी की ख़ुशबू से
कितना करते हैं प्यार अपनी पहचान से, इस हरियाली से
कुछ आवाज़ों से, अपने आँसू से, अपने वजूद से
या फिर अपनी अन्तरात्मा से

अब कुछ शब्द महज़ शब्द नहीं आपकी पहचान है

मैं या कि आप कोरे काग़ज़ पर लिखते हैं कुछ शब्द—
भूख
आज़ादी
और अस्मिता
और जितनी देर में झुकते हैं इन शब्दों को दुरुस्त करने के लिए
देखते हैं महज़ उतनी ही देर में बदल गए हैं उसके मायने
महज़ उतनी ही देर में बदल गई है हवा की तासीर

आपने इधर उस कोरे काग़ज़ पर लिखा नहीं
आजादी कि उतनी ही देर में
आपके दरवाज़े पर खड़ी हो जाएगी पुलिस

मेरे मन में हैं ढेर सारे शब्द
जिन्हें मैं लिख डालना चाहता हूँ यहाँ-वहाँ
हवा, पानी, आकाश
और यहाँ तक कि बच्चों की किलकारियों पर भी

पर हर बार उन शब्दों के बदल दिये जाते हैं अर्थ
और इन बदले हुए अर्थों के साथ
हर बार खड़ा हो जाता है एक विशाल हुजूम
और हर बार मैं बना दिया जाता हूँ
उतना ही सशंकित और सन्देही।

एक दिन मैं भी

एक दिन मैं भी घर से निकलूँगा
और लौटकर नहीं आऊँगा
पत्नी राह देखती रहेगी
बच्चे नींद भरी आँखों के बावजूद
पिता से क़िस्से सुनने का इन्तज़ार करेंगे

मैं दूर तक जाऊँगा
इधर-उधर देखूँगा
सीधा भी चलूँगा
पानी पीऊँगा
फिर कहाँ मार दिया जाऊँगा पता नहीं

मेरे आँगन में रोज़ उतरने वाली कच्ची धूप
मेरा इन्तज़ार करेगी
उन तितलियों को भी मेरा इन्तज़ार रहेगा
जिन्हें पंख फैलाकर उड़ते देख मैं मुस्कराया करता था
मेरी बाड़ी में बैंगन के पौधों में जो फूल हैं
उनका सौन्दर्य अब बिखर जाएगा

मेरे नीबू के पेड़ पर जो गौरैया रोज़ बैठती है
जिससे रोज़ मैं बतियाता हूँ
अब वह नहीं आएगी

मैं जाऊँगा और लौट कर नहीं आऊँगा
अपने बच्चों से जो मैंने गरम मोजे लाने का वायदा किया था
बच्चे उन मोजों का इन्तज़ार करेंगे

मेरी पत्नी, मेरे बच्चे और बुजुर्ग पिता
और मुझे प्यार करने वाले चंद लोग
टटोलेंगे मेरी मौत के कारण
ढूँढ़ेंगे उस हत्यारे को
वे आवाज़ उठाने की करेंगे कोशिश और थक जाएँगे

वे जाएँगे कीड़े-पतंगे, मिट्टी और झड़ चुके पत्तों के पास
फिर अन्त में जाएँगे उन शब्दों के पास
जो लिखे थे मैंने अँधेरे के ख़िलाफ़

मैं जाऊँगा और लौट कर नहीं आऊँगा
एक दिन मेरी पत्नी समझा देगी बच्चों को
पिता के मौत का सही कारण
और अपने तकिये के नीचे छुपा कर रख लेगी उन शब्दों को
जो मैंने लिखे थे कभी अँधेरे के ख़िलाफ़
मेरे बच्चे सोएँगे और उनकी माँ उनके बाल सहलाएगी
बाहर तिलचट्टे की आवाज़ होगी

मेरे बच्चे अभी नींद में हैं
उनके सपने में ज़रूर होगी फूलों की बगिया और तितली
मैं लिख रहा हूँ ये शब्द
प्रधानमंत्री अब भी दे रहे होंगे कहीं न कहीं भाषण

बाड़ी की मिट्टी के नीचे हैं कीड़े
मेरे दरवाज़े की चौखट से
लकड़ी खाने की आ रही है आवाज़ करर्र-करर्र, किरर्र-किरर्र।

जो हमसे छीना नहीं गया था

सबसे पहले उन्होंने हमसे हमारा नमक लिया
फिर हमारा लोहा
फिर सूरज, रोशनी, तपिश
हवा, पानी, आकाश
पेड़, पत्ते, ख़ुशबू
और फिर उन्होंने हमारी साइकिल ली
और फिर रोटी सेंकने का चिमटा

पहले हमने लोहे के बिना रहने की आदत डाली
फिर सूरज के बिना
हमारे शरीर का पानी हमारा नहीं रहा
फिर ख़त्म हो गया हमारे मुँह का स्वाद
हमने रोना चाहा लेकिन हमारे आँसुओं से
नमक ग़ायब था

हमने आँसू के बिना भी रहना सीखा
फिर हँसी के बिना
एक दिन हमारी नींद ग़ायब हुई
और उससे पहले कान के पर्दे

आँसू, हँसी, नींद और कान के पर्दों के बिना
रहने का हमारा यह नया सलीका था

और इस तरह हम जब जीवन के अभ्यस्त हो गए
तब उन्होंने कहा सुख, आनन्द, ख़ुशी
और हम अचानक झूमने लगे

उन्होंने कहा पेड़, पौधे, धूप
और हम उनसे ही धूप मोल ख़रीदने लगे
फिर हमने उनसे हवा ख़रीदी, रोशनी ख़रीदी
और एक दिन ख़रीदी अपनी ही साँसें
फिर एक दिन उन्होंने हमें घूमते चाक पर
अपने हाथों से मिट्टी के दीये बनाने का ख़्वाब बेचा

यह दु:ख की घड़ी हो सकती थी
परन्तु हम दुखी नहीं थे
हमको यह बतलाया गया था
और बार बार बतलाया गया था कि
हम सबसे ताक़तवर हैं
हमसे ही यह धूप है, हमसे ही यह तपिश है
और हमसे ही है यह मिट्टी की ख़ुशबू
और तब हमारी पुतलियों को विभिन्न रंगों से सजा दिया गया

इस दु:ख की घड़ी में भी जब कि
ख़त्म हो गई थी हमारे चूल्हे की आग
झड़ गए थे पेड़ के पत्ते
और साँप के काटने से मर गई थी
बुधरी की आठ साल की बेटी
अभी हम जीवित थे और

इस बात से ख़ुश थे कि

हमसे छीना नहीं गया था हमारा राष्ट्रगान, राष्ट्रीय पशु
राष्ट्रीय पक्षी, राष्ट्रीय निशान, राष्ट्रीय ध्वज
और सबसे अधिक हमारी नागरिकता

छीनी नहीं गई थी अभी हमसे हमारी प्रार्थना।

नहीं सुनेंगे

आप बोलेंगे
वे नहीं सुनेंगे
आप चिल्लाएँगे
वे नहीं सुनेंगे
आप खीझेंगे
वे नहीं सुनेंगे

उनके पास अपना एक सच है
जिनको उन्होंने गढ़ा है अपनी जड़ताओं से

वे जानते हैं उनके सामने एक भीड़ खड़ी है

वह पन्द्रह साल का बच्चा मारा गया है अभी अभी
उसकी आँतें फट गई हैं

आप कुछ भी बोलेंगे
वे नहीं सुनेंगे।

सबसे पहले उसका साथ

सबसे पहले उम्मीदों ने ही छोड़ा होगा
उसका साथ
फिर उसके हाथ, पाँव, नाक, मुँह
पसलियों, फेफड़ों, अँतड़ियों ने
और फिर दिमाग़ ने
और सबसे अन्त में साथ छोड़ा होगा
उसकी आँखों ने

सबसे पहले अपनी आँखों से
उसने देखा होगा
आसमान की लालिमा को
फिर घर लौटते चिड़ियों के झुंड को
फिर उसने देखा होगा पेड़ों को
पेड़ों से झड़ रहे पत्तों को
खेतों में उदास फ़सलों को
और फिर गड्ढों को

उसकी आँखों ने सबसे पहले ढूँढ़ा होगा
एक जोड़ी आँखों को ही

लेकिन उसे आँखों के बदले दिखे होंगे
ढेर सारे चेहरे और ढेर सारी आँखें
एक भीड़, ढेर सारी आवाज़ें
ढेर सारे नाख़ून
और कुछ रंग
उसने अपनी आँखों को नीचे झुकाया होगा
और बन्द हो गई पूरी दुनिया
उन आँखों के भीतर
वह दुनिया जिसको सँजोने के बारे में
उसने कभी बुने होंगे ढेर सारे ख़्वाब

सबसे पहले उसने थामा होगा
नाउम्मीदी का ही साथ
और ख़त्म हो गई होगी चिन्ता
ख़त्म हो गई होगी आवाज़
ख़त्म हो गया होगा डर

उसने याद किया होगा अपने बचपन को
गलियों को, गूलर के पेड़ों को,
कौओं को
और अपने उस साथी को
जो उसकी मोहब्बत में उतार लाता था
पेड़ की आख़िरी फुनगी से उसकी पतंग

यह जो हवा और धूप है
जिससे वह बहुत परिचित रहता आया था
वह हो जाएगी इतनी बेगानी और रूखी
उसने कभी सोचा नहीं था
उसने सोचा यह भी नहीं था कि
पीपल के पेड़ पर बैठी चिड़िया

उसकी ओर बिना देखे उड़ जाएगी

सबसे पहले उम्मीदों ने ही छोड़ा होगा
उसका साथ
इसलिए यह चिड़िया, मिट्टी, हवा, धूप
और यहाँ तक कि इन गलियों से उसे
कोई शिकायत नहीं थी

और आख़िर में जब उसने बन्द की होंगी अपनी आँखें
तब उसकी आँखों में धीरे-धीरे पसरा होगा अँधेरा
जैसे धीरे-धीरे घुसता है बाढ़ का पानी
उस अँधेरे में ज़रूर दिखी होंगी उसे कुछ शक्लें
कुछ सूखे पत्ते, कुछ टूटे तारे
और कुछ बहुत ही उदास बच्चे।

छह साल का बेटा और चाँद

1

चाँद पर भी रहा जा सकता है
छह साल के बेटे ने जब से सुनी है यह ख़बर
वह चाँद पर बसने की कर रहा है ज़िद

कोरे काग़ज़ पर बनाता है वह चाँद की तस्वीर
भरता है उसमें रंग
बनाता है उसमें वह अपना कमरा
खेलने की जगह
उस खेलने की जगह पर साथ हैं उसके कई दोस्त

वह मुस्कराता है
तो उसका चाँद भी साथ में मुस्करा देता है।

2

चाँद पर बस कर कैसे देखेगा
फिर इतना सुहाना चाँद

पूछता है वह सवाल
कैसे उतरेगी उसकी कटोरी में चाँद की गोलाई
कैसे सुनेगा वह चाँद की कहानियाँ

धीरे-धीरे चाँद उसके क़िस्से-कहानियों से निकलकर
रहने लगा है उसकी खिलौने की टोकरी में।

3

तरह-तरह के सुपर हीरोज़ के बदले
उसके सपने में अब रहने लगा है चाँद

चाँद पर खेलता है वह गेंद
चाँद पर वह सोता है और अपनी मुट्ठियों में भरता है सितारे
चाँद के गड्ढों में पानी भरकर चलाता है वह नाव

चाँद से बाहर झाँक कर देखता है वह पृथ्वी
और ढूँढ़ता है अपना घर
और उसके आँगन का वह अमरूद का पेड़
जिस पर रहती है उसकी प्यारी गौरैया।

4

वह ख़ुश है कि चाँद पर नहीं है कोई स्कूल
नहीं हैं वहाँ किताबें
ना ही कोई डॉक्टर

इस छोटे से चाँद पर वह बनाता है
अपनी एक छोटी सी दुनिया

जहाँ ले जाता है अपने साथ वह
अपने चुनिंदा लोग
उन चुनिंदा लोगों के साथ खेलता है वह वहाँ
लुका-छिपी का खेल

अपने खेल से सिर बाहर निकालकर पूछता है वह
क्या चाँद पर भी होती होगी बारिश।

5

सरपट दौड़ते चाँद पर
उसके किनारे जाने से बचता है वह
ऐसे जैसे उसकी गोलाई से निकलने पर
गिर जाएगी उसकी गेंद
उसकी पतंग या उसकी साइकिल

पूरा चाँद उसके खेल का मैदान है
जिस पर कूदता-फाँदता और दौड़ता है वह बेझिझक

दौड़ते हुए हाँफता हुआ कहता है वह
क्या ही यह अच्छा नहीं है कि
हम चाँद के इन किनारों पर लगा दें
लाल-लाल चेरी के पौधे।

6

रोज़ अपने आँगन में
देखता है वह बढ़ते और घटते चाँद को

चाँद जब घटता है तब वह उदास होता है
चाँद जब बढ़ता है तब आ जाती है उसके चेहरे पर ख़ुशी
चाँद अब उसके लिए
उसकी माँ की आँखों की पुतलियाँ ही नहीं
उसकी गेंद भी है
और उसकी माँ के माथे की बिन्दी भी

वह पूछता है अपनी माँ को
जो लोग रहेंगे वहाँ पूरा चाँद होने पर
वे गिर नहीं जाएँगे चाँद के घट जाने पर।

7

छह साल का बेटा
सो रहा है अपने बिस्तर पर निश्चिन्त
उसके सपने में है चाँद

वह मुस्कराता है नींद में
धीरे-धीरे चाँद उतरने लगता है उसकी बग़ल में

वह नींद से जगता है और ग़ायब हो जाता है चाँद
वह ढूँढ़ता है चाँद को
और चाँद है कि दूर आसमान में
उससे मुँह घुमाए बैठा है

छह साल का बेटा जितना बढ़ाता है चाँद की तरफ़ हाथ
हर बार चाँद चला जाता है उतरी ही दूर।

8

तब तक तो ठीक है
जब तक है सपने में चाँद
तब तक जब तक है उतरता कटोरी में चाँद
तब तक तो और भी आसान
जब दादी की परियों की कहानी में है चाँद

चाँद को छूना नहीं है आसान
समझाती है माँ
समझाते हैं पिता
समझाती है नौ साल की बड़ी बहन

चाँद कोई नानी का घर नहीं
जहाँ जाया जा सकता है रहने
हर छुट्टियों में

छह साल का बेटा
उदास होकर देखता है चाँद को
और उससे कट्टी कर
दौड़ जाता है घर के भीतर।

यह देश तुमसे कुछ नहीं पूछेगा

बारिश की बूँदों को तुम आग कह दो
और आग को पानी
तुम चाहो तो पेड़ की पत्तियों को
लहलहाता हुआ कोयला कह दो
और रेत को तूफ़ान

तुम कहो तो बारिश की बूँदों पर
आज चढ़ा दूँ चाय की केतली
और पेड़ की पत्तियों से सुलगाऊँ
आज अपनी सिगरेट

तुम चाहो तो आइंस्टीन को न्यूटन कहो
और न्यूटन को गैलीलियो
तुम इतिहास को झूठ कह सकते हो
और अपने नारे को इतिहास
तुम भूगोल से एक दो ग्रहों को
यहाँ-वहाँ खिसका सकते हो
और एक-दो ग्रहों
को बन्द कर सकते हो
अपने धर्मग्रंथों में

यह देश कोई कचहरी तो है नहीं
कि हर वक़्त झूठ बोलने के लिए
शक़ के घेरे में आना ही पड़े
यह देश समझदारों का अड्डा भी नहीं है
कि वह तुमसे हर लफ़्फ़ाज़ी का
हिसाब माँग ही ले
देश देश होता है प्रश्न करने की कोई माकूल जगह नहीं
कि वहाँ ख़ून के बारे में भी पूछा जाए
भूख के बारे में भी
और आत्महत्या के बारे में भी

यह देश तुमसे कुछ नहीं पूछेगा
न ही गुरुत्वाकर्षण के बारे में
न ही इतिहास के बारे में
न ही भूगोल के बारे में
न ही पूछेगा वह फूलों के बारे में
पत्तों के बारे में
आसमान के बारे में
सूरज के बारे में या फिर
बृहस्पति ग्रह के बारे में

यह देश तुमसे कुछ नहीं पूछेगा
न ही ज़मीन पर गिरे ख़ून के बारे में
न ही उस पुलिस वाले की आत्महत्या के बारे में
और न ही जुगनुओं के बारे में
यह देश तुमसे कुछ नहीं पूछेगा

इसलिए तुम अभी चाहो तो
बारिश की बूँदों को आग कह सकते हो

और आग को पानी
दु:ख को सुख कह सकते हो
आत्महत्या को तुम उसका शग़ल बतला सकते हो
तुम क्रान्ति को तो आज बतला ही रहे हो
जीवन जीने का एक फ़ैशनपरस्त तरीक़ा।

हत्या शृंखला की कुछ कविताएँ

1

तमाम प्रत्यक्ष सबूतों के बाद भी
अगर उसने ऐन मौक़े पर नहीं पहचाना है
अपने पिता के हत्यारे को
तो यह जान लो कि उसने जान लिया है
असली हत्यारे को
क्योंकि अब हत्या अचानक घटी कोई घटना तो है नहीं
कि उसके घटते वक़्त
सहम कर आँखें बन्द हो जाए
और हर बार हत्यारा पहचाना ही ना जाए।

2

इस देश में अब हत्या
कोई इतना संगीन जुर्म भी नहीं
कि हर बार ठहर कर विचार किया ही जाए
और हत्या हुई है तो हर बार
यह ज़रूरी भी नहीं कि
हर हत्या का कोई-न-कोई हत्यारा भी हो।

3

यहाँ जितनी हत्या है
उससे ज़्यादा हत्या का जश्न है
जिसमें शामिल हम सब हैं
लेकिन हत्यारा कोई नहीं है

यहाँ की मिट्टी भुरभुरी हो चुकी है
सुगना के हाथ की सारी लकीरें मिट चुकी हैं
आसमान की तरफ़ ताकती चिड़िया की आँखों में
टप्प से गिरी है पानी की एक बूँद।

4

जो हत्या करता है, वह कौन है
किसी को पता नहीं
जो हत्या करवाता है, वह कौन है
वह भी किसी को नहीं पता
बस हत्याएँ हो रही हैं
हम अपने मोबाइल में देख रहे हैं
हत्या की लाइव वीडियो
और अपनी बारी का कर रहे हैं इन्तज़ार।

5

वह आता है और हत्या की ख़बर सुनाता है
वह भी आता है हत्या की ख़बर सुनाता है
वह तीसरा आया और उसने भी

मेरी ख़ैर-ख़बर से पहले
हत्या की ही ख़बर सुनाई

'हत्या' शब्द सुनकर पहले
हाथ में लिया हुआ कौर भी रुक जाता था
मुँह तक जाकर
लेकिन अब हत्या की ख़बर के साथ
लेता हूँ चाय की चुस्की

इस तरह हत्या के आदी होते चले गए हैं हम।

6

उसकी चाकू से गोद कर हुई हत्या
उसकी पसलियों को तोड़कर
उसकी हत्या से ठीक पहले ही रुक गई हृदय गति
उसकी तो इतने लोगों के हाथों हुई हत्या कि
ठीक-ठीक यह पता ही नहीं लगा कि
किसके हाथों हुई उसकी हत्या

हत्या अब दु:ख मनाने से ज़्यादा
बन गया है विषय बहस का

हम एक हत्या पर ख़त्म करते हैं अपनी बहस
तब तक आ जाती है ख़बर दूसरी हत्या की।

7

हत्या होती है
और हत्यारा बहुत ही शान्त मन से

उसके पास से चला जाता है
उसे जाते देखते हैं लोग
देखता है कैमरा
लेकिन हत्यारा हत्यारा नहीं है

हत्यारा हत्यारा नहीं है क्योंकि
उसके ख़िलाफ़ कोई सबूत नहीं है
चुप है हवा
चुप हैं पेड़, चुप हैं कीट-पतंगें तक

वह हत्यारा, हत्यारा नहीं है
लेकिन उसी हत्या के लिए
होता है उसका सम्मान
फूलों की मालाओं से लद गई है
उसकी गर्दन।

8

कभी हम भी एक युवा के हाथ को थामकर
रोकते थे उसे करने से आत्महत्या
हम बैठते थे साथ
होते थे उसके दु:ख के साझीदार

एक युवा करता था आत्महत्या
तो साथ ही मरते थे थोड़ा-थोड़ा हम
लाज से धँस जाते थे हम अपने ही शरीर के भीतर
एक युवा करता था आत्महत्या
तो उसके साथ मरता था थोड़ा-थोड़ा हमारा देश
हमारा भरोसा

अब एक युवा को खींच कर मारने में
होते हैं हम शरीक
उसकी हत्या पर चुप रहकर देते हैं हम साथ
धीरे-धीरे मर रही है हमारी इंसानियत
धीरे-धीरे मर रहा है हमारी आँखों का पानी।

9

हत्यारे चाहते तो अट्टहास कर सकते थे
लेकिन उनके चेहरे पर ठहराव है
वे विजय के गीत गा सकते थे
लेकिन अभी वे चुप हैं

हत्यारे जो कर रहे हैं अट्टहास
वे नहीं हैं असली हत्यारे
असली हत्यारे को रौंदने हैं अभी
और भी ढेर सारे शब्द, इतिहास
और चीख़ें
असली हत्यारों के नाम तो आते हैं
बस हस्ताक्षरों में।

ऐसा मैंने कभी सोचा नहीं था

ऐसा मैंने कभी सोचा नहीं था
कि जब तुम खिलखिला कर हँस रहे होगे
तब ठीक उसी समय
तेज तेज चल रही होंगीं मेरी साँसें

इतना तो मुझे पता था कि
इस देश में ख़ुश नहीं दिख सकते हैं हम एक साथ
लेकिन एक दिन इतनी तेज चलने लगेंगी मेरी साँसें
मैंने ऐसा कभी सोचा नहीं था

तुमने जिस सुबह का ख़्वाब देखा था
उसमें लाली कम अँधेरा ज़्यादा था
लेकिन तब भी मैंने यह सोचा नहीं था कि
एक वक़्त ऐसा भी आएगा
जब तुम उस लाली को पूरी तरह ढक लोगे अँधेरे से
और मेरी साँसों को कैद कर लोगे अपनी मुट्ठी में

उन दिनों जब यह बग़ीचा
बनने की प्रक्रिया में था

तब तुमने उसमें गेंदे के फूल लगाए थे
आसमान की तरफ़ देखा था
और बारिश का इन्तज़ार किया था
तब भी मैं यह जानता था कि
फूल की इस ख़ुशबू, बारिश की इन बूँदों
को तुमने एक खास नाम दे रखा है
लेकिन यह सोचा नहीं था कि
एक दिन ऐसा आएगा जब इस ख़ुशबू
इन बूँदों, इस रोशनी पर तुम बिठा दोगे पहरा
और मजबूर कर दोगे मेरी साँसों को
यूँ तेज चलने के लिए

वह जिसके साथ अभी तुम बैठ
खिलखिला कर हँस रहे हो
उसके सफ़ेद कुर्ते पर
इतिहास के ढेर सारे शब्द टँके हैं
तुम उसके साथ बैठे हो
और इतिहास करवट ले रहा है
बाहर पेड़ के पत्तों का रंग बदल रहा है
हवा में बढ़ रही है ख़ुश्की
तुम देखते हो मेरी तरफ़
मुस्कुराते हो
और मैं बाहर पेड़ से झड़ रहे पत्तों को
मायूस आँखों से देखने लगता हूँ।

बन्द दरवाज़ों के भीतर बच्चे

बच्चे दरवाज़ों के भीतर बन्द हैं
बाहर छुरियाँ चल रही हैं
शायद तलवार और कुछ देशी कट्टे भी
बच्चे दरवाज़ों के भीतर बन्द हैं
माँ चीख़ की आवाज़ से
बच्चों को दूर रखने की कर रही है कोशिश
पिता बाहर शोर के थमने का कर रहे हैं इन्तज़ार
पर सूरज है कि निकलता ही नहीं

बच्चे दरवाज़ों के भीतर बन्द हैं
और मोबाइल में भिड़ा रहे हैं
दो राक्षसों को
बाहर सड़कों से हटाए जा रहे हैं ख़ून के निशान
जले हुए सामान से लोहे के टुकड़े बीन रहे हैं लड़के
बच्चों ने गेम में कर लिए हैं कई लेवल पार
मारे गए हैं कई राक्षस
मोबाइल से निकल रही हैं तरंगें
और कहीं गायब हो जा रही हैं
पिता दरवाज़ों के छेद से देखते हैं

धुली सड़कें और होते हैं आश्वस्त

बच्चे दरवाज़े से बाहर निकालते हैं पाँव
कि बाहर अँधेरा छा जाता है
हवा जहरीली हो जाती है
पत्ते मुरझाने लगते हैं
पक्षी लौटने लगते हैं
चींटियों की आँखें जलने लगती हैं
बच्चे हो जाते हैं फिर से दरवाज़ों के भीतर बन्द

दरवाज़ों के भीतर बच्चे बड़े हो रहे हैं
छोटी हो रही है उनकी दुनिया

बच्चों को खेलना था अभी कबड्डी
गेंद, छुपम-छुपाई या फिर
घग्घो रानी कितना पानी
लेकिन बच्चे अभी हवा में जहर के
कम होने का कर रहे हैं इन्तज़ार

हम रह रहे हैं ऐसे समय में
जब बच्चे होते जा रहे हैं बन्द अपने घरों में
बाहर आततायी घूम रहे हैं
कभी छुरे और कभी जहर लिए
अभी हमारा लोकतंत्र सो रहा है
अभी एक सरकार की खरीद-फरोख्त चल रही है
अभी चिड़िया अपने बच्चों की आँखों से
बहते आँसुओं को देख रही है चुपचाप

ठीक इसी वक़्त जब मैं लिख रहा हूँ यह कविता
मेरे बच्चे दरवाज़ों के भीतर बन्द हैं

बाहर आसमान से गिर रही हैं उल्काएँ
आसमान से झड़ गए हैं चाँद और सितारे
विज्ञान के सारे आविष्कार हो गए हैं इकट्ठे
और वसूल रहे हैं इन मासूम बच्चों से अपनी क़ीमत

ठीक अभी जब विश्व के सभी देशों में
एक साथ गिर रही हैं उल्काएँ
एक साथ छा रही है निराशा
एक साथ गहरा रहा है डर
तब फिर बच्चे दरवाज़ों के भीतर बन्द हैं
और खेल रहे हैं उसी मोबाइल में बबल शूटर

बन्द दरवाज़ों के भीतर बच्चे बड़े हो रहे हैं
बन्द दरवाज़ों के भीतर घुट रही हैं उनकी साँसें।

फ़िलहाल कविताएँ स्थगित हैं

इस देश में कभी किसी ने नहीं देखा होगा
किसी हत्यारे को जीवन की सबसे ख़ूबसूरत कविताएँ
पढ़ते हुए
या फिर जीवन की सबसे ज़रूरी नज़्म को गुनगुनाते हुए
या फिर उन पंक्तियों को दुहराते हुए
जिन्होंने सिखलाया है हमें जीवन का सबसे मानीख़ेज़ सलीका
जबकि कई हत्यारों ने लिखने की कोशिश की है
कई-कई बार हमारे समय की सबसे बुरी कविताएँ

हत्यारे नहीं पढ़ते हैं ख़ूबसूरत कविताएँ
न ही गुनगुनाते हैं वे ज़रूरी नज़्म
लेकिन कविताएँ हैं कि पता नहीं कैसे पहुँच ही जाती हैं उन तक

हत्यारा हत्या के बाद कोई सबूत नहीं छोड़ता
और देश का कानून अपने सामने हो रही हत्याओं का भी
माँगता है सबूत
जो कविताएँ लिखी गई हैं इन हत्याओं और हत्यारों के विरुद्ध
उन्हें पढ़ा गया है कई-कई जगहों पर कई-कई बार
और हर बार अन्त तक आते-आते सारी कविताएँ

खड़ी हो जाती हैं सबूत बन कर इन हत्याओं के

हम रह रहे हैं एक ऐसे समय में जहाँ
हत्या बन गई है सबसे माक़ूल नैतिकता
एक ऐसा समय जहाँ हत्या बन गया है एक धर्म
और हत्यारा सबसे बड़ा नैतिक व्यक्ति

मैं जानता हूँ और आप भी कि
पीपल के पेड़ पर जो कोयल बैठी है
उसने भी देखा है इस हत्या को
और इस हत्या के पीछे की दहशत को

वह बच्ची जो अभी से ही समझने लगी है इस देश को
देखा है उसने अपने सबसे क़रीबी दोस्त के चेहरे पर
एक ख़ास तरह का डर
वह बच्ची चुप है
उस बच्ची ने झूठ बोलना भले न सीखा हो
लेकिन सीख लिया है उसने
अपने भीतर सच को दफ़नाना

जिन कविताओं को कबीर, निराला, मुक्तिबोध
धूमिल और क़ाज़ी नजरूल ने लिखा है
अपने अपने समयों में
मैं भी चाहता हूँ फिर से लिखना उन्हीं कविताओं को
उतनी ही तल्ख़ी से, इस समय में
इस समय जब ख़त्म करने की की जा रही है कोशिश
इस देश की सारी आवाज़ें
वे नज़्में और वे पंक्तियाँ जिन्होंने समझाया है हमें ज़िन्दगी का फ़लसफ़ा
इस समय जब ख़त्म किए जा रहे हैं अपराध के सारे सबूत
जब रद्दी में फेंके जा रहे हैं संविधान के सारे अनुच्छेद

तब क्या पता एक दिन
इन अँधेरे दिनों को समझने के लिए ये पंक्तियाँ ही आएँ काम
तब क्या पता एक दिन अभी लिखी जा रही
इन कविताओं की सारी पंक्तियाँ ही मिल कर दे दें
इस अँधेरे समय के ख़िलाफ़ सबसे प्रामाणिक गवाही

फ़िलहाल बच्चों की आँखों में उतरा है डर का एक ख़ास रंग
फ़िलहाल हुक्मरानों की बाँसुरी से फूट रहा है मधुर संगीत
फ़िलहाल वे सभ्य कपड़ों में बन कर घूम रहे हैं शान्ति के अग्रदूत
फ़िलहाल सूरज डूब रहा है
फ़िलहाल ये सारी कविताएँ, सारी पंक्तियाँ स्थगित हैं।

इतनी भी जगह

इस ब्रह्मांड में उनके लिए
नहीं है इतनी भी जगह
जितनी में कठफोड़वा बना लेते हैं अपना घर
गिलहरियाँ रख लेती हैं अपने बच्चे
या जितने में टिक जाती है ओस की बूँद
बस उतनी जगह जितनी में आँखों में टिक जाते हैं आँसू

अभी जब सारे पक्षी लौट गए हैं अपने घोंसलों में सुरक्षित
सारे कछुओं ने ओढ़ ली है अपनी सुरक्षा की चादर
समुद्र की लहरें लौट रही हैं अपने घरों की तरफ़ वापस
और अभी-अभी जब टेलीविज़न पर प्रसारित हो रहा है
एक महा-आख्यान
तब ठीक इसी समय कंक्रीट भरे रास्तों पर
निकलने को मजबूर हो गए हैं असंख्य जोड़े पैर
रो रहे हैं अनगिनत बच्चे
लेकिन दूरी है कि अभी ख़त्म नहीं होने वाली

उनके लिए इस ब्रह्मांड में जगह नहीं है
इस ब्रह्मांड की सारी जगहों को घेर लिया है तिलचट्टों ने

यहाँ की सारी जगहों पर गिर गए हैं सूखे पत्ते
यहाँ कोई मनुष्य नहीं दिख रहा
कोई बच्चा खेल नहीं रहा
सारी जगहों पर जम गई है बर्फ़
गिर गए हैं आग के गोले

इस ब्रह्मांड पर ऐसी कोई ख़ाली जगह नहीं
जहाँ सहेजे जा सकें उनके आँसू
जहाँ सहेजा जा सके उस चार वर्ष के बच्चे का
थका, दुखी और उदास चेहरा
जो मीलों चलने के बाद सो रहा है अभी
अपनी माँ की गोद का सहारा लेकर बेसुध

मासूम बच्चे बस भरोसा करते हैं अपने माँ-बाप पर
और चल देते हैं उनके पीछे
क्या कभी आपने सुनी है
इन मासूम धड़कनों की आवाज़
क्या कभी आपने महसूस किया है एक भयानक ख़ामोशी का
भाँय भाँय करता सन्नाटा
क्या कभी आपने देखा है तीन वर्ष के बच्चे के
तलुवों की ग़ायब होती मुलायम त्वचा को
क्या कभी आपने प्यासे गले में
उग आए काँटों को किया है महसूस
आपने डूबते सूरज की उदासी को तो देखा ही होगा

अभी जब मैं लिख रहा हूँ यह कविता
अभी जब रात गहरा रही है
रो रहा है एक कुत्ता
कहीं दूर से आ रही है झींगुर की आवाज़
मौसम में घुल रही है उदासी

अभी भी गिर रही है पत्तों पर ओस की बूँदें
तब ध्यान से सुनने पर सुनाई पड़ेंगी
उनके नन्हे क़दमों की मासूम आवाज़ें
ध्यान से सुनने पर
उन भूखे बच्चों की भूखी अँतड़ियों की आवाज़ भी देगी सुनाई
वे चलते चले जा रहे हैं
क्योंकि इस ब्रह्मांड में उनके लिए कोई जगह नहीं है
वे चलते चले जा रहे हैं
तब तक जब तक चल रही हैं उनकी साँसें।

कुछ ख़्वाब, कुछ सवाल और यह देश

तुम्हारी आँखों में कुछ ख़्वाब थे
कि चिड़ियों के झुंड शाम को लौट जाएँ
अपने घोंसलों में सुरक्षित
न टूट सके, विश्वास से लबरेज़
चींटियों की क़तार
अनवरत एक धुन में आवाज़ निकालते
झींगुरों के लिए भी
तुम्हारे ख़्वाबों में ज़रूर कुछ-न-कुछ था

रोज़ सुबह जगकर तुम देखते थे
आसमान की तरफ़, फिर पेड़ों की फुनगियों की तरफ़
हरी दूब की तरफ़
रोज़ तुम्हें लगता था कि आज
कोई-न-कोई सुनहरी किरण
अवश्य आएगी छनकर इस धरती पर
तुम पोखर के सूखते पानी को देखते थे
और उदास होते थे

रामेसर जब बाँस में लटकाए मीलों दूर

ले जा रहा था अपनी पत्नी को अस्पताल
तब तुमने आवाज़ उठाई थी
बाढ़ में पेड़ पर अपनी दो साल की बच्ची के साथ
बैठी सीलिया के लिए भी हो गई थी नम
तुम्हारी आँखें

तुम दुखी तो तब भी हुए थे
जब आम के पेड़ से गिरने लगे थे मंज़र
उस छह साल के बच्चे से बातें करते हुए
देखी थी मैंने तुम्हारी आँखों में चमक

तुम रोज़ रात को इन्हीं सवालों, दुःखों
उदासी और ख़्वाबों के साथ
सोते थे अपने बिस्तर पर
तुम सोते थे और तुम्हारे तकिये के नीचे
ये सवाल, ये सारे दुःख और बड़े होते जाते थे

तुमने इस देश को देश माना था
और सवाल पूछा था
तुमने इस देश को देश माना था
और उसकी ख़ूबसूरती के ख़्वाब बुने थे
तुम्हें लगता था एक दिन प्रधानमंत्री देंगे
तुम्हारे सवालों के जवाब
या कम से कम पोखर की मछलियाँ
या फिर पेड़ की कोटर में बैठी चिड़िया

इस देश के लिए तुम्हारे मन में थे ख़्वाब
इस देश के लिए थे तुम्हारे पास ढेर सारे सवाल
पर यह देश चल रहा है अलहदा
इसे नहीं चाहिए कोई सवाल

कोई रुकावट
या फिर कोई प्रतिरोध

इस देश के मुखिया के पास है
इस देश को ख़ुश रखने का एक बीज मंत्र
एक जादू
इस देश के मुखिया के पास है
एक अपना चाँद

तुमने मरने से ठीक पहले
ज़रूर सोचा होगा अपनी कविताओं के बारे में
जिनमें सँजोए थे तुमने सपने
इस लोकतंत्र को ख़ूबसूरत बनाने के
जो फ़िलहाल टँगे हैं पेड़ की फुनगियों पर
और फड़फड़ा रहे हैं।

क्रिकेट खेलती दस साल की बेटी

1

तुम्हारे हाथ में है बल्ला
और तुम्हारी निगाह एकटक जमी है गेंद पर
यह लगाया तुमने शॉट
और तुम उछल पड़ी
मैं देखता हूँ तुम्हारे चेहरे की ख़ुशी
चेहरे से चू रही पसीने की बूँदें
और ठीक उसी समय पता नहीं क्यों
मुझे याद आती है बरियारपुर वाली चाची की
घंटों कमरे से बाहर आने वाली सिसकी
जो निकलती थी पति से पिटने के बाद
इस सिसकी के पीछे के आँसू
जो बचपन से कर रहे हैं मेरा पीछा
आज तुम्हारे चेहरे से चू रही पसीने की बूँदों में
घुल जाते हैं।

2

तुम खेलती हो

और तुम्हारे साथ खेलते हैं
सिद्धार्थ, आरव, दीया, लक्ष्मी
ज़ोहा, राघव और न जाने कितने बच्चे
तुम खेलती हो
और तेज़ गेंद फेंकना चाहती हो
लेती हो एक लम्बा रनअप
गेंद फेंकने से पहले दौड़ती हो
भरती हो लम्बे-लम्बे डग
फिर उछलती हो
और सर्र से तुम्हारी गेंद चली जाती है
तुम्हें नहीं है मालूम
लेकिन गेंद फेंकने से पहले
जब तुम उछलती हो तब पहुँच जाती हो
सूरज के बहुत क़रीब
तुम्हें नहीं है मालूम
जब तुम उछलती हो फेंकने के लिए गेंद
ऐन उसी वक़्त
इस धरती की ढेर सारी बच्चियों के
सूखने लगते हैं आँसू
और कस जाती हैं उनकी मुट्ठियाँ।

3

खेल के दौरान
एक-एक रन के लिए
एक-एक विकेट के लिए
जब तुम दौड़ती हो
खीझती हो, झल्लाती हो
तब तुम्हारा तमतमाया हुआ चेहरा

सूरज की लाली की याद दिलाता है
तुम्हें पता नहीं लेकिन तब पृथ्वी की सारी प्रकृति
थमकर, छुपकर देखती है तुम्हें
पृथ्वी के सारे मुरझाए फूल
तब खिल जाते हैं।

4

फील्डिंग करते वक़्त तुम रखती हो बाज़ की नज़र
एकदम चुस्त, मुस्तैद
झपट्टा मारने को तैयार
सिमरिया वाली चाची कहती हैं
स्त्रियों के लिए दुःख की क्या परिभाषा
स्त्रियाँ तो दुःख के घर में ही रहती हैं
तुम्हें देखतीं सिमरिया वाली चाची
तो सचमुच निकल आते उनकी आँखों से
ख़ुशी के आँसू
वह चूमतीं तुम्हें
देखतीं आसमान की ओर
उनके चेहरे पर आ जाती एक ग़ज़ब की चमक।

5

आज तुम आउट हुई हो शून्य पर
तुम बैठी हो उदास
मैं उदास हूँ
सूरज हो गया है मायूस
यह पृथ्वी हो गई है उदास

मुरझा गई हैं पेड़ की पत्तियाँ
चिड़ियाँ चुप बैठी हैं
पहली इनिंग के बाद
उठती हो तुम
अपनी मुट्ठी में कसती हो गेंद
और मैदान में दौड़ने लगती हो
चीरती हुई हवा को
पृथ्वी हो जाती है ख़ुश
ख़ुश हो जाते हैं सूरज, पेड़, पौधे, चिड़ियाँ
तुम अनवरत दौड़ो गेंद के साथ
बल्ले के साथ
और यह समझ लो कि
यह प्रकृति, यह सूरज, यह पेड़-पौधे, चिड़ियाँ
यह पूरी पृथ्वी, साथ है तुम्हारे
यह पृथ्वी तुम्हारे चेहरे पर उदासी नहीं
देखना चाहती है एक ख़ास तरह की लाली
और थोड़ा सा ग़ुस्सा भी।

अँधेरा

दूर तलक जहाँ तक जा रही है निगाह
अभी घोर अँधेरा है
आसमान में तारे नहीं हैं
पेड़ की शाखों पर उल्लू बैठे हैं
अभी सुबह की बात मत पूछो
अभी बच्चों को नींद से मत जगाओ

अभी बाहर बहुत शोर है
एक अजीब सी ज़िद है
प्यार का एक नया ढंग है
और ढेर सारी नफ़रत है
अभी बाहर जो भीड़ घूम रही है
उन्हें अभी अपने माता-पिता को, अपनी पत्नी को
और इस देश को प्यार करते हुए अपने को साबित करना है।

अभी जुटाने हैं उन्हें
अपनी पत्नी के गाल पर दिये गए चुम्बन के निशान
आज सुबह कितने फूले उन्होंने बटोरे हैं
ओस की कितनी बूँदों को सहलाया उन्होंने

उन्हें अभी प्रमाणित करना है इसे
अभी उन्हें देना होगा प्रमाण कि कितनी बार उन्होंने
इस मिट्टी, हवा और पानी और आकाश को कहा है धन्यवाद

अभी साँसें तेज़ हैं
सुनी जा सकती हैं अभी उनकी धड़कन की आवाज़
अभी दूर तलक अँधेरा है
अभी सुबह की बात मत पूछो

तुम कुछ कर सकते हो तो
थोड़ी दूर तक मेरे साथ चलो
फूलों की पंखुड़ियाँ जो रोशनी के बिना बन्द पड़ी हैं
उन्हें अभी सहलाना है
मज़दूर जो उलटे पेट लेटे, पौ फटने का कर रहे हैं इन्तज़ार
उन्हें अभी इसी अँधेरे का अभ्यस्त होना है
और इसी अँधेरे में उन्हें सितारों को ढूँढ़ना है

अभी पेड़ से पत्ते झड़ रहे हैं
आसमान में काले बादल हैं
अभी वह बिल्ली सहमी हुई बैठी है
अभी तुम कुछ कर सकते हो तो
उस सहमी हुई बिल्ली को गोद में उठाकर सहलाओ
अभी वह व्यक्ति डर रहा है अपने दरवाज़े से
बाहर निकालने में अपने क़दम
अभी उस भीड़ के हृदय में है एक जुनून
अभी आँखें लाल हैं
अभी उनके ज़मीर को कर लिया है क़ैद
एक वहशी सोच ने

तुमने अगर जुगनुओं को देखा होगा

और तुम्हारी स्मृतियों में वे जुगनू होंगे
तो समझो एक दिन तुम भी और हम भी सीख ही लेंगे
इस अँधेरे को पार करना
फ़िलहाल तो दूर तलक अभी अँधेरा है
बच्चे सो रहे हैं उन्हें नींद से मत जगाओ

अभी तो सुबह के इन्तज़ार में
गौरैया के बच्चे अपने घोंसले में बैठे हैं
एकदम चुप, शान्त।

ठीक इसी बीच

उन्होंने धरती को सींचा
हल चलाया
मिट्‌टी को अपने हाथों से सहलाया
उन्होंने बीज को मिट्‌टी की कोख में दबाया
और बीज से कोमल-कोमल पत्ते फूटे

उन्होंने मिट्‌टी को धन्यवाद कहा
पानी को धन्यवाद कहा
धरती, धूप, बैल, हवा और
उस बीज को भी धन्यवाद कहा
सबसे ज़्यादा उन्होंने उस हल को धन्यवाद कहा
जिसने धरती के सीने को चीरकर
उसमें बीज को समोया

उन्होंने अपने क़र्ज़े के बारे में सोचा
अपनी पत्नी के पिचके हुए गालों के बारे में सोचा
अपनी जवान हो रही बेटियों के बारे में सोचा
अपनी बूढ़ी अम्मा के दमे के बारे में भी सोचा
और यहाँ तक कि उसने अपने बछड़े की

निकल आईं हड्डियों के बारे में भी सोचा

उन्होंने आसमान की ओर देखा
बादल के टुकड़े को देखा
पलटकर उन्होंने खेत की तरफ़ देखा
खेत में लहलहाते हुए हरी फ़सलों को देखा
उन हरी फ़सलों के बीच छिपे
अन्न के दानों की ख़ुशबू को महसूस किया

तभी गाँव की कच्ची सड़क पर
गाड़ियों का क़ाफ़िला दिखा
आसमान में धूल की गर्द छा गई
उन्होंने पलट कर उस खेत की तरफ़ देखा
सारे हरे पत्ते मुरझा गए
आसमान में बादल का टुकड़ा ग़ायब हो गया
चारों तरफ़ अँधेरा छा गया
चिड़ियों ने अपने बच्चों को घोंसलों के भीतर दुबका लिया
गेहूँ की बालियों से कच्चे दाने झड़ गए

ठीक इसी बीच एक अजीब से ग्रह पर
एक किसान ने अपनी जीभ पर रख ली थी
सल्फास की एक गोली।

कहाँ जाएँगे वे दाने

अन्न के जो दाने अभी-अभी खेत में
धीरे-धीरे पकने को तैयार हो रहे हैं
उन्हें पता नहीं है
कि पकने के बाद वे कहाँ जाएँगे

अन्न के उन दानों को जिन्होंने सींचा
सहलाया, प्यार किया, चूमा
उन्हें भी नहीं मालूम कि पकने के बाद
कहाँ जाएँगे वे दाने
जिन्होंने कड़ाके की ठंड में की है रखवाली उन दानों की
उन दानों की रक्षा के लिए वे बने हैं कई बार
खेत के बीच निर्जीव बिजूका
वे भी नहीं जानते हैं इन दानों का भविष्य

बहुत सारे भूखे पेट इन दानों की तरफ़
तरसती हुई निगाह से देख रहे हैं
बहुत सी थालियाँ इन दानों का कर रही हैं इन्तज़ार
परन्तु यह किसी को नहीं है पता
कि खलिहान से उठकर अभी वे दाने कहाँ जाएँगे

यह लोकतंत्र होता तो अन्न के उन दानों से
उनकी मर्ज़ी पूछी जाती
हवा से उसके रुख के लिए उसकी मर्ज़ी पूछी जाती
आग से पूछी जाती उसकी धधक
बच्चों से पूछा जाता रोने का कारण
पेड़ की फुनगी पर बैठी चिड़िया से
उसके घर का पता पूछा जाता
अन्न के उन दानों से पूछी जाती उनकी इच्छा

अन्न के दानों को जिन्होंने अपने पसीने से उगाया है
जिन्होंने की इन दानों की रखवाली
दानों के पकने के बाद
इस लोकतंत्र में
उन्हें कर दिया गया है दरकिनार

जब अभी बहुत सी ख़ाली थालियों को है इन्तज़ार
इन दानों का
जब अभी तमाम भूखी निगाहें घूर रही हैं इस तरफ़
ठीक इसी समय प्रधानमंत्री के टेबल पर
बन रही हैं योजनाएँ
इन दानों को ज़ब्त कर लेने की।

किसकी है यह दिल्ली

यह किसकी दिल्ली है
प्रवेश के जिन रास्तों को कीलों से रोक दिया गया है
काट दिया गया है जिन रास्तों को गड्ढों के द्वारा
घेर दिये गए हैं जो कटीली बाड़ों से
ठीक उस बैरीकेट के बग़ल में खड़ी होकर
पूछ रही है यह सवाल ग्यारह वर्ष की वह बच्ची

उस बच्ची ने अपनी पुस्तकों में पढ़ी हैं
इसी दिल्ली में अंग्रेज़ों के द्वारा किए गए अत्याचारों की कहानियाँ
उस बच्ची ने महसूस किए हैं
इसी दिल्ली में अंग्रेज़ों के जूतों के निशान
पढ़ी है उसने बहादुरशाह ज़फ़र की
इस दिल्ली से हुई दर्दनाक विदाई

वह बच्ची जानती है स्वाधीनता के बारे में
स्वतंत्रता के बारे में
वह बच्ची जानती है कि
इसी दिल्ली में रहते हैं प्रधानमंत्री
एक संविधान
दिल्ली में रहती है एक कुर्सी
कुछ उम्मीद

लेकिन दिल्ली के रास्ते अभी बन्द हैं
प्रवेश की नहीं है इजाज़त
हवा को, साँस को और आवाज़ को

उन्हीं बन्दिशों के पास खड़ी होकर
पूछ रही है वह बच्ची
पूछता है वह किसान
पूछता है राहगीर
कि किसकी है यह दिल्ली

दिल्ली में शतरंज की बिसात बिछाए बैठे हैं
प्रधानमंत्री, वित्त मंत्री और कुछ व्यवसायी
दिल्ली में है एक बाज़ार, चकाचौंध करने वाली रोशनी
प्रधानमंत्री के पास हैं कई शातिर चालें
जिन रास्तों पर गाड़ी गई हैं कीलें
घेरी गई हैं बाड़ें
उसी रास्ते से अभी अभी घुसी है
फुदकती हुई एक गिलहरी
रास्ते बन्द हैं और गिलहरियाँ इसे स्वीकार नहीं कर रही हैं

बाड़े के इस तरफ़ क़दमताल करती हुई फ़ौज
नहीं देख पा रही है उस गिलहरी को
गिलहरियाँ इस देश के लोकतंत्र के नियमों के
उल्लंघन की हैं दोषी
लेकिन इस गिलहरी के बाद
हवा, साँसें, चीटियाँ और ढेर सारी आवाज़ें
हैं अभी क़तार में
देश के रखवाले डर रहे हैं
कि यह देश अभियुक्तों का देश न हो जाए कहीं।

वे सब अब हमारी संख्याओं में हैं

(कोरोना की दूसरी लहर में बहुत ही भयावह स्थिति के बीच 19/05/2021 को लिखी गई कविता)

जो अब हमारे बीच नहीं हैं
वे सब अब हमारी संख्याओं में हैं
कल जो मेरा दोस्त मरा है
वह कभी मेरे लिए अपने कोबे में भरकर
लेकर आया था ओस की बूँदें
उसे भी मुझे अब महज एक संख्या में जानना है
हम यहाँ चुकुमुकु बैठे हैं और गिन रहे हैं
संख्याएँ एक-दो-तीन-चार
सौ-दो सौ, हज़ार-दो हज़ार-चार हज़ार

कल का आँकड़ा है 4536
इस आँकड़े का जो 36वाँ है वह मेरा दोस्त है
हो सकता है कि कल का आँकड़ा
4737 हो और वह पैंतीसवाँ, छत्तीसवाँ, सैंतीसवाँ सब मेरे परिचित ही हों
जो मेरे परिचित नहीं हैं वे भी
किसी न किसी के माँ, पिता, भाई, बहन, दोस्त
या कम से कम परिचित तो अवश्य होंगे

जो अब हमारे बीच नहीं हैं
वे सब बदल गए हैं संख्याओं में
सरकार अपने खाते में दर्ज करती है आँकड़े
गिनी जाती हैं लाशें
आँकड़ों में दो संख्याओं की भी कमी
ला देती है सरकार के चेहरे पर मुस्कुराहट

वह जिसकी दो साल की बेटी की उँगली से
छूट गया है माँ का स्पर्श
उससे कोई पूछे इस एक संख्या का मतलब
वह पुरुष संख्याओं में कैसे बतलाएगा
अपनी पत्नी का साथ छूटने का दुःख
जिसके साथ अभी अभी उसने उस सामने वाले पेड़ पर
टाँका था एक सितारा
अपने जीवन के अन्तिम पड़ाव पर
अपनी उम्र को संख्या में गिनने वाले पिता के सामने
गुज़र गया है उसका पुत्र
जैसे अन्तरिक्ष से टूटकर समुद्र में गिरा है एक उल्का

जो अब हमारे बीच नहीं हैं
वे सब अब हमारी संख्याओं में हैं
जिन घरों में बुझ गए हैं दीये
उन घरों में नहीं है कोई संख्या
वहाँ बस बचा रह गया है एक मायूस सा सूखा पेड़
कुछ खिलौने
एक अन्तहीन सूनापन और एक लम्बा इन्तज़ार

परन्तु सरकारें गिन रही हैं अभी संख्याएँ
अभी चारों तरफ़ सिर्फ़ गूँज रहे हैं 4537, 3678, 4632 के आँकड़े
अभी कुछ ही दिनों पहले तक

इस देश में गूँज रहे थे विकास और समृद्धि के जो आँकड़े
उन पर मौतों के ये आँकड़े अभी भारी हैं

समृद्धि के इन आँकड़ों को
सूर्य की तरह फिर से चमकने के लिए
अभी करना है थोड़ा इन्तज़ार।

अभी थम सी गई है ज़िन्दगी

(कोरोना की दूसरी लहर में बहुत ही भयावह स्थिति के बीच
19/05/2021 को लिखी गई कविता)

यह कितना अजीब है कि बयालीस की उम्र में भी
वह सिर्फ़ अभी और इसलिए ज़िन्दा रहना चाहता है कि
अभी उसकी बेटी की उम्र महज़ आठ वर्ष है
उसने अभी-अभी अपने बेटे के लिए लिया था
चाँद का एक टुकड़ा
जिसकी अभी किस्तें भरी जाना बाक़ी है

वह ज़िन्दा रहना चाहता है उस घर के पूरा होने तक
जिसमें रह सकें उसकी पत्नी के साथ
उसके बच्चे सकुशल
वह स्त्री जो सदा करती रही है
अपने पति के स्वास्थ्य को लेकर चिन्ता
वह ज़िन्दा रहना चाहती है ताकि रह सके उसका पति सुरक्षित
बेटा अपने पिता की बीमारी के लिए ज़िन्दा रहना चाहता है
और पिता अपने बेटे की ज़िम्मेदारियों को सँभालने के लिए
प्रेमिका अपने प्रेमी की सलामती की करती है दुआ
दोस्त अपने दोस्त के अस्पताल से

सकुशल लौट आने का कर रहा है इन्तज़ार
मासूम बच्चे दुबक जा रहे हैं अपनी माँ की गोद में
बच्चे बुदबुदाते हैं अपने मन में
और ईश्वर से करते हैं अपने माँ-पिता की सलामती की दुआ

ज़िन्दगी का यह एक अजीब मोड़ है
जहाँ धरी की धरी रह गई हैं सारी योजनाएँ
वह अपनी बेटी के दूसरे जन्मदिन पर
इस बार देना चाहता था बादल के कुछ फाहे
वह अपनी बूढ़ी माँ के लिए
इस सर्दी जुटाना चाहता था कुछ कपास
वह महज तीन दिन बाद ही अपनी पत्नी को
देना चाहता था कुछ सुखद आश्चर्य
छः साल का बच्चा अपनी माँ को सुनाना चाहता था
सात का पहाड़ा

यहाँ जिन्दगी एकदम थम सी गई है
जैसे पेड़ पर अटक गया है एक पत्ता
बादलों में जैसे फँस कर रह गई हैं बारिश की बूँदें
गले तक आकर रुक सी गई हैं
बहुत सी बातें
थमे हुए हैं अभी बहुत सारे प्रेम पत्र
किताबों के पन्नों के बीच सूख गए हैं गुलाब के फूल
कितने दिन हो गए सुने ख़ुशी के दो शब्द
अधरों पर अटके हैं अभी बहुत सारे चुम्बन।

स्त्रियों के मन के भीतर

(शम्सिया हसानी के लिए जिसने अफ़गानिस्तान की दीवारों पर स्त्रियों की आज़ादी की इबारत अपनी पेंटिंग में लिख दी थी।)

1

उसने कोरे काग़ज़ पर
चिड़िया की तस्वीर बनाई
चिड़िया के पंख खुले थे
उसने उस तस्वीर को किताबों के बीच
तहा कर रख दिया
फिर एक दिन चुपके से चिड़िया
उस किताब से निकलकर
आसमान में उड़ने लगी।

2

उसने दीवार पर तोप के सामने
फूल लिये लड़की की तस्वीर को उकेरा
उसने हथियारों के सामने

पियानो बजाती लड़की की तस्वीर उकेरी
बुरक़े के भीतर से झाँकती आँखों के ख़्वाब को
उसने उतार दिया उस चित्र में
और फिर एक दिन काबुल की सड़कों पर
गोलियों की आवाज़ों के बीच
स्त्रियों की आवाज़ बुलन्द होने लगी।

3

स्त्रियाँ अपनी आज़ादी के जो ख़्वाब
अपने मन के भीतर बुन रही थीं
जिन सितारों को स्त्रियाँ
अँधेरे बन्द कमरे में देख रही थीं
संगीत की जिस धुन को वे
अपने होठों में दबाए बैठी थीं
उन सारी ख़्वाहिशों को जब उस दीवार पर उकेरते हुए
उसे एक आवाज़ दी गई
तो दुनिया के सबसे ताक़तवर देश भी
स्त्रियों के लिए दुनिया के सबसे नृशंस संगठन भी
स्त्रियों के मन के भीतर पनप रहे
क्रान्ति के भाव को कुचल नहीं पाए

4

आज दीवारों पर उकेरे गए उन ख़्वाबों को
काले रंगों से पोता जा रहा है
तोप के सामने वह फूल लिये लड़की नहीं
बिलखती हुई सचमुच की लड़कियाँ लाई जा रही हैं

पियानो की मधुर आवाज़ को
मशीनगनों की आवाज़ से दबाया जा रहा है
लेकिन तब भी स्त्रियों के मन के भीतर कहीं
पल रहा है आज़ादी का ख़्वाब

5

अब किसी काले रंग से नहीं ढका जा सकता है
आज़ादी के इन ख़्वाबों को
अब किसी भी बन्दूक़ से नहीं किया जा सकता है प्रतिबन्धित
अपने पंजों पर उचककर आसमान से
तारे नोच लाने की उनकी ज़बरदस्त कोशिश को।

आज़ादी

बन्दूक़ों, कारतूसों की कर्कश आवाज़ों के बीच
अफ़गान महिलाओं के मुँह से
निकलता हुआ शब्द—आज़ादी।
अफ़गान महिलाएँ माँग रही हैं आज़ादी
और यह शब्द मधुर संगीत में तब्दील हो रहा है
बच्चियाँ सो रही हैं और उनकी माँएँ
अभी दुनिया की सबसे सुकून भरी लोरी गा रही हैं

आज़ादी एक ऐसा शब्द है
जिसे चाहे जिस रूप में लिख दिया जाए
उसे कुचलना सम्भव नहीं
इस धरती पर क्रूर से क्रूर शासक भी आ जाए
और जब इस धरती पर चारों तरफ़ फैल जाए
कारतूस का धुआँ तब भी
इस धरती पर अवश्य बचा रहेगा यह शब्द—आज़ादी
भले ही हिम्मत नहीं बची हो
लेकिन दिल के भीतर
अवश्य धड़क रहा होगा यह शब्द—आज़ादी।

अभी इस धरती पर उधार है

वह चार साल की अफ़गान बच्ची
जो अपनी माँ की गोद में दुबकी हुई है, दहशत में है
उस चार साल की बच्ची के सामने हैं
गोलियों की आवाज़, धुआँ
और खूब सारी नृशंसताएँ
चार साल की बच्ची की आँखों से गिरे आँसू
लाँघ जाते हैं सारी सीमाएँ
छोटी पड़ जाती हैं सारी सरहदें उसके लिए
दुनिया की सारी तोपें और मशीनगनें तनी हैं
उस बच्ची की तरफ़
लेकिन सारी दुनिया उन तोपों की तरफ़ नहीं,
देख रही है
उस बच्ची के मासूम गालों से लुढ़ककर गिर रही
आँसुओं की बूँदों को

उस चार साल की बच्ची के हाथों में
होनी चाहिए थी अभी एक कोमल गुड़िया
कुछ फूल, बारिश की कुछ बूँदें
उस बच्ची के हाथ में अभी होना चाहिए था

आसमान का एक टुकड़ा
बादल के कुछ फाहे, सूरज की रोशनी
उसकी आँखों में होनी चाहिए थी एक चमक
लेकिन अभी उसके होंठ थरथरा रहे हैं
काँप रहे हैं उसके पैर

अभी इस धरती पर उधार है
उस बच्ची के गाल पर एक प्यार भरा चुम्बन
प्रकृति पर शीतल हवा उधार है
मनुष्यों की आँखों में उस बच्ची के लिए आँसू उधार हैं।

गुनाह

वे लगाना चाहते हैं न्याय की गुहार
लेकिन उनकी सिसकी
उनका डर, उनकी चुप्पी
सब इन फ़िज़ाओं में बिखर कर रह जा रही हैं
उनके सारे शब्द अभी बेमानी हैं

उनका चेहरा जर्द पड़ा हुआ है
अटक सी गई हैं उनकी साँसें
वे कुछ कहना चाहते हैं
लेकिन अभी बाहर बहुत शोर है
वे रखना चाहते हैं अपना पक्ष
लेकिन चारों तरफ़ अभी आसमान काला पड़ चुका है
वे धीरे-धीरे घरों में अपने आप को करते जा रहे हैं क़ैद

उन्होंने सँभाल कर रखे हैं अपनी क्यारियों में खिले गुलाब के फूल
वे चाहते हैं अपनी चार साल की बेटी की आँखों में
बसे मासूम सवालों के जवाब
वे साबित करना चाहते हैं अपनी बेगुनाही
उन्होंने भी अपने घर के एक कोने में सँजो कर रखा है

बादल का एक टुकड़ा और कुछ ताज़ी हवा

लेकिन अभी वे गुनहगार हैं

अभी वे भुखमरी के लिए गुनहगार हैं
बेरोज़गारी के लिए गुनहगार हैं
वे जश्न के लिए भी गुनहगार हैं
ख़ुशी के लिए भी गुनहगार हैं
अभी बच्चों के रोने की आवाज़ के लिए भी हैं गुनहगार

लेकिन इसे इतिहास की विडम्बना कहें या सीख कि
शब्द कभी मरते नहीं
सिसकियाँ कभी क़ब्र में दफ़्न नहीं होतीं
वे सब हमारी रूह में दर्ज रहती हैं
और जब एक दिन सारी ताक़तें
अपनी ताक़त का जश्न मना रही होती हैं
तब ये सिसकियाँ, ये शब्द बाहर निकल आते हैं

और फिर पेड़ पर हरियाली लौट आती है।

पिता के गुज़र जाने के बाद

पिता के गुज़र जाने के बाद
सबसे अधिक असहज करते हैं वे सारे प्रमाणपत्र
जो आज भी मौजूद हैं और
आज भी साबित कर रहे हैं कि वे कभी जीवित थे

पिता के वे सारे प्रमाणपत्र
जिनमें उन्हें किसी न किसी नम्बर से जाना जाता रहा
वे पिता को एक पहचान देते थे

पिता जब तक जीवित थे
रखा करते थे हमेशा अपनी जेब में आधार कार्ड
और पैन कार्ड की प्रति को सँभाल कर
बहुत सारी प्रतियाँ घिस गई थीं रखी-रखी पिता की जेब में
मेरी स्मृति से पिता की वह तस्वीर हटती नहीं
जिसमें पिता के चश्मे की डंडी
उस प्रति में घिस कर टूट गई थी
लेकिन पिता उन प्रमाणपत्रों को घिसने के बावजूद
अपने होने के अहम से जोड़कर देखते थे
और रखते थे अपनी जेब में

पिता अपनी जेब में आधार कार्ड की प्रति को
ऐसे रखते थे सँभाल कर जैसे
वे इस देश में रहने का उनका सबसे बड़ा सबूत हो
एक ऐसा सबूत जिसके साथ वे कभी भी मिल सकते हों
इस देश के बड़े-बड़े ओहदेदारों से
उन्हें विश्वास था कि इस कार्ड के साथ
कभी भी वे घुस सकते हैं प्रधानमंत्री के क़ाफ़िले में
और कभी भी बतिया सकते हैं उनसे कुछ देर

मुझे अभी भी याद है कि पिता जब अचेत लेटे थे
अस्पताल के बिस्तर पर
तब डॉक्टर के छूने पर सबसे पहले उन्होंने
अपनी जेब को ही टटोला था
ऐसे जैसे वे अपने प्रमाणपत्रों को दिखा कर
अपने जीवित होने का देना चाहते थे प्रमाण
ऐसे जैसे उन प्रमाणों के साथ उन डॉक्टरों पर वे
चाहते हों बनाना एक नैतिक दबाव
पिता को सबसे अधिक अभिमान
इस देश के जिम्मेदार नागरिक होने का ही था

पिता की जब मृत्यु हुई
तब भी उन्हें उनके आधार नम्बर से ही जाना गया
अस्पताल से लेकर उनके तर्पण तक पिता का शरीर
मात्र एक संख्या बनकर रह गया था

वे सारे नम्बर अभी भी वैसे ही मौजूद हैं
परन्तु अब पिता नहीं हैं

पिता के गुज़र जाने के बाद उनके सारे नम्बर ज्यों-के-त्यों पड़े हैं
उनका सारा अभिमान, उनका सारा वजूद

उनके गुज़रने के बाद ख़त्म हो गया
परन्तु आज मैं सोचता हूँ
कि मैं अपने उन सभी नम्बरों और प्रमाणपत्रों के साथ
पिता वाला वह अभिमान क्यों नहीं ला पाता।

हँसी

शहंशाह ने अपने शासन में
हँसी को कर रखा है अनिवार्य
वह लोगों से हँसने के लिए कहते हैं
और सिर्फ़ कहते ही नहीं वह इसके लिए माहौल भी बनाते हैं
वह अपने दरबार में ढेर सारे हँसोड़ रखे रहते हैं
वह उन्हें ख़ास हिदायत देते हैं कि
यह लोकतंत्र है और यहाँ सबसे ज़रूरी है लोगों की हँसी
और सारे हँसोड़ लग जाते हैं हँसाने की अपनी ज़िम्मेदारी में

शहंशाह लोगों के सामने फेंकते हैं हँसी
और लोग हँसते-हँसते हो जाते हैं लोटपोट
शहंशाह के पास हँसी का एक पिटारा भी है
उसके पास लेकर जाता है कोई सवाल, तो
उस पिटारे में से निकालने लगते हैं वे हँसी के दो-चार अवसर
जो कोई उसके पास अपना हक़ माँगने जाता है
शहंशाह उसे पकड़ा देते हैं हँसी

एक बार एक बच्चे ने अपने दोस्त से झगड़े की की शिकायत
और उसे भी पकड़ा दी गई हँसी

एक बार एक किसान लेकर आया था शिकायत
कि किसी ने तोड़ दिये हैं उसके बिजूका के हाथ
शहंशाह यह सुनकर हँसने लगे
और उन्होंने उस किसान के गमछे में भर दिये हँसी के गुच्छे
ख़ाली थाली, लोटा, बर्तन जो कुछ भी लेकर
कोई शहंशाह के पास पहुँचा
उसे कभी ख़ाली नहीं लौटाया शहंशाह ने
सभी के बर्तन हँसी से भरे थे
आज नौजवानों के चेहरे पर हँसी है
बूढ़ों के चेहरे पर हँसी है
और यहाँ तक कि पेड़-पौधे, पशु-पक्षी सब हँस रहे हैं

शहंशाह मौत की ख़बर पर भी हँसते हैं
और भूख की ख़बर पर भी
शहंशाह उस चिड़िया के मरने पर भी हँस रहे थे
जिसने अभी-अभी डाले थे अपने बच्चे के मुँह में दाने

शहंशाह ने लोगों को समझाया
कि तकलीफ़ कितनी भी हो हँसना ज़रूरी है
चोट लगे, तब हँसो
तकलीफ़ हो, तब हँसो
किसी की ख़ुशी में जाओ, तब हँसो
किसी के ग़म में जाओ, तब भी हँसो
दिन हो, तब हँसो
रात हो, तब हँसो
बच्चा जब रो रहा हो, तब भी तुम हँसो
यहाँ तक कि चारों तरफ़ आग लगी हो, तब भी तुम हँसो

शहंशाह जब बना देते हैं सारे लोगों के लिए
हँसी को अनिवार्य

तब एक दिन देखते हैं वे अपने ऊँचे सिंहासन पर खड़े होकर
उन्हें यहाँ से वहाँ तक हर तरफ़ दिखलाई पड़ते हैं
सिर्फ़ हँसी और हँसते हुए लोग
शहंशाह सभी को हँसी में डूबा देख, निश्चिन्त होते हैं
और चले जाते हैं सुकून से सोने।

❂❂❂